JN440116

사려 깊은 얼룩

문순영 시집

문학의전당 시인선
150

사려 깊은 얼룩

문순영 시집

문학의전당

시인의 말

침묵은 말 없이도 존재할 수 있는데
말은 침묵의 터널을 통과하지 않고는 헛것임을 알았다.

등불을 들고 비탈에서 말없이 손잡아주며 따라와 준
나의 길벗들
지금 여기쯤의 이 간이역에서,
잘 가라, 부디 잘들 가시라.

2013년 봄날에
문순영

차례

제2부

제3부

제4부

제1부

보고 싶은 뒤축

뒤꿈치를 소리 없이 누가 들고 갔을까
본 것 같은 앞부리만
가야 할 약도를 밟고 있다
없는 뒤축의 부근으로
떨어지는 꽃잎들
막무가내 쌓인다

사라져버린 뒤축을 배경으로
세월의 책장들만
말도 안 되게 바람에 넘어갈 때,
낙화, 읽어야 할 활자를 자꾸 자꾸 덮을 때,

지금은 꽃피는 중

고요히 지나가라
꽃피는 중의 마을에서,

길을 흔들면서 상처를 내지 마라
어린나무의 옆구리들
잎 피고 처음으로 꽃피워내는 중이거늘
쇳소리 나는 연장으로 우격다짐 파헤치는 어리석은 소란들을
인제 그만 멈춰 달라
갸륵한 터마다
꽃은 피우고
나무는 뿌리를 내리잖는가
겨우내 눈바람에 기침하다 등이 휜 가지에도
물을 길어 올리는 사월
빠른 일회성으로 지나가면 그뿐인 야속한 뒤축들아
쿵쿵 울려대서 꽃잎들 놀라 움츠러들도록
못된 겁들 주지 말고
뿌리를 들리게 해 정처 없게 하지 마라

고요히 좀 내버려두라 이 봄
적막하나 향기롭게
피어나는 중이거늘

그리워하다, 분재

본디 너의 습성은
바람 센 벼랑에서 깊어진 꿈을 뻗는 건데
피워 올리는 사연들을
그리 얽고 오그려대는 절제라니
너무 작은 화분에 심어진 까닭인 터

먼 길 쪽이 궁금해 귀를 세운 가지들부터
깊은 하늘 쪽으로 눈뜬 고요한 꽃눈들
틔워 푸르게 펄럭이고픈 잎새를 지나
큰 산맥 쪽으로 흘러가고 싶었던 그리운 그 뿌리까지
심정을 몰라주듯 다듬어져
당신들이 잘 보이는 유리벽 아래 놓여서

자신의 뜻 아닌 데서 쓰다듬어지는 날들
허공을, 하늘을, 횡단하는 그 영역을
경계에 묶여 만질 수 없는 상실인데
녹물들 흘러내리는 오래된 철삿줄에
뒤집어쓴 상처가 무늬가 되는 목숨이라고

아프나 아름다운 이력이 되는 생이라고
피워 올리는 꽃
꽃들이 참 뜨겁다

줄

줄에 매인 기둥이 삐끗하다
서 있는 자리를 점검해야 할까 보다
기둥을 심은 곳에
무수한 벌레가 하얗게 알을 슬었을까
안쪽의 심지가 썩어가는 것인지도

처음엔 저 줄 몹시 팽팽했을 것이다
젖은 빨래들 다스린 후,
느슨해져버린 것을
바지랑대 높이 세워 하늘 깊은 곳으로
밀어 올려놓는다면
하늘에 제 영역을 그려보기도 할 것이다
한때 나는 저 줄에 무엇을 널어 말렸던가

줄을 넘다 자주 발목이 걸려
넘어지던 아이 이제 자라나서
젖은 시간을 널다 떨어져 버린 줄을
고쳐 세워보는 오후,

어떻게 풀었길래 저렇게들 꼬여
매듭으로 얽혔을까

짧아져 버린 줄이 기둥에 안 닿을 때
하늘에서부터 뭐가 꼭 올 것 같이

나이테에 걸린 옹이

물들이 방향을 거스른 표정이다
일생이 '출렁' 한 번 소용돌이쳤나 보다
꽃씨를 받으려다 손금이 휘어져 버린 당신처럼
손가락이 길어지도록 번호를 눌렀으나 열리지 않던 자물통처럼
깊고 단단한 상처가 되어버린 것들

그렇듯 끌어안고 견딘 시간의 흔적들이
침묵으로 깊어진 채
이제 없어선 안 될 이력서가 되는구나
한때 뒤틀린 시절들은 푸르디푸른 심지가 되는 거라면
어느 날 상처 난 짐승의 가죽이 소파의 무늬가 되듯이
옹이 박힌 흉터가 아름다운 무늬의 책상이 되듯이
통과해야만 했을 너희의 내력을 배경 삼아

일생 동안 맺혀서 앓았던 한 사랑이
그 자리에 가지를 뻗으면서 잎을 틔우려고
하늘을 들이면서 햇빛, 바람을 불러오는 소리

또 하나의 나이테가 지난 시절과의
사려 깊은 간격을 유지하며
감겨오는 경계 위로
한 생애가 흘러갈 때,

새들의 집

허공 중에 한 채 흔들리는 집이 있네
죽어서도 남에게 짐 지우지 않고 싶어
다비식을 하듯 진 집
뼈대만 얼기설기 없는 것 많은 방 틈으로
겨우내 바람, 햇빛, 천지의 호흡을 들이다가

이제 세월을 아는 잎새들로 지붕을 이고 있네
허공에 지어놓은 서늘한 방 한 칸에서,
제 새끼와 바람을 밀어가며 그네를 타고 있는
어미의 붉디붉은 발바닥이 엿보이며
아리게도 생겨 먹은 발톱 사이로 언뜻언뜻
깊어진 하늘이 걸리거나
먹이를 구하느라 이승과 저승을 넘나든
아픈 흔적이 박혔으나

허공에 지어놓은 새들의 방 한 칸에서
고요한 그 평화를 엿본 죄가
길을 돌아보게 하네

벼가 익어가다

이삭들을 헤쳐보면
되다가 만 뿌연 물들
모호한 그 물의 방들
외진 곳을 채우느라 저 햇빛들 바쁘다
꼬투리라 쭉정이라 싹수부터 노랗다고
불량한 이삭이라 함부로 이름 불린
미안한 生들의 아궁이가 지펴지며
추웠던 구들장들 따뜻해져 오는구나
모른 체 하지 않고
젖은 길들을 쓰다듬으며
허리를 굽혀 살려내는
시월의 오래된 어머니들

불어가는 것들

어느 블록에선가 톱질 소리 들리네
썰거나 떼어내 버릴 것이 많나 보네
한 그루의 나무를 톱으로 밀어냈을 때
베어진 나무의 넘어지는 방향이 밝은 남쪽이었는지,
춥고 습기 찬 북쪽이었는지,
내가 깎아낸 연필 가루들은
햇살 쪽으로 불어 보내버렸는지,
축축한 어둠 쪽에 불어 보내버렸는지,
계단에 걸터앉아
몇 센티쯤 쌓여 있는 꽃잎을 불어 보내며
불어가는 것들의 방향을 가늠하네
가늠하기 어려워지는 중도에서
나도 나를 불어서
꽃잎이듯 바람이듯 저처럼 아주나 멀리
불어 보낼 수 있다면
가서 강물이 처음으로 시작하는 줄기에서
줄기를 터오면서 반짝거릴 수 있다면

한갓 꿈의 밑동이

어느 방향에선가

발등에 톱밥으로 떨어져서 꿈 깨이는 한나절에

잎새 뒤의 애벌레들

태양을 등지고는
차고 푸른 뒤쪽에 터를 잡아
배를 깔고 방을 낸 집
바람이 불 때마다 가지들을 넘나들 듯
아슬아슬 흔들리며 하늘을 옮겨 다닌 듯이

허공으로 뻗어 있는
가지에 매달려서
가슴은 온통 초록으로 채우고는

일어난 모든 일을 알고 있다
누가 절벽에 집을 짓고
안간힘으로 창을 밝히고 싶은 건지
어젯밤 심한 폭우에 떠내려간 친구들
길 밖에서 뒹굴며 어떤 뒤축에
으깨지는 목숨인지,

젖은 잎새 뒤에서

도르르 말린 채로

잠깐 떨궈지는 햇빛에 몸을 한 번 말려보며

저녁 무렵, 산벚나무

붉어진 노을 선에
산 앞마당에 핀 두 그루의 산벚나무 꽃잎들이
떨어지다 걸립니다
이승을 넘다 뒤돌아보는
영혼의 선한 얼굴

한때 꽃피우고 있었을 적
맘에 걸리는 게 많은가 봅니다
여리디여린 옆자리의 봉오리들
제치고 다투어 피어나려 하던 일들
활짝 피었다고 마냥 펄럭이다
이웃의 꽃잎들 바람에 마구 떨구지는 않았는지,
햇빛들을 훼방하며
농염한 자태로 여린 꽃잎들을 주눅 들게는 안 했는지,
내가 사는 마당 안으로
수북이 떨어져 쌓입니다
세월의 반성문처럼 꽃잎의 이마들이
물든 것은 물든 대로

속죄의 빛들인 양
그 빛들에 둘러싸여 세월을 건너가고
사람들은 곁으로 그 곁으로들 또 건너갑니다

겨울산에 오르며

숲은 하늘로 빛을 돌려주었는지
제집을 모두 잘 찾아 들어간 듯
하늘은 고요하고
길들이 푸른 오후
아이의 손을 잡고 겨울산에 오르네
구르는 가랑잎 같은 것들을
발등에 한 번 받으려고
달리는 네 등허리로 튀어 오르는 햇빛들 봐,
그리움이 끊어져서 그간
망해버린 마음의 행간을 환히 비추네
비출 때 당신이 사는 집으로 가는 길이 생각나고
곡식을 저장했던 창고가 생각나네
영혼의 난간 위에 켜지는 불빛 한 점

하산을하지말고이대로한삼년너랑같이
아궁이에군불때며이곳에살았으면할때

바로 발밑에서 커다란 꿩 한 마리

화들짝 날아가네
모두 제집으로 잘 들어갔다는 듯
문이란 문들은 굳게 닫아 고리에 걸어놓고
길들은 고요해서
차고 맑아 푸른 오후,

산책 1

계곡에 선 나무들의 얼어버린 맨발들을
핥고 있는 겨울 태양

곁으로 곁으로의 골짜기들
깊어지며 흘러가고

나 취해 어떤 향기를 따라가다
길을 잃었나

푸르른 샘이 있다는 저곳까지 당도하여
헝클어진 지도를 비춰보기 위해서는

몇 개의 벼랑을 더 지나가야 하나
뒤돌아 골짜기를 거슬러 가야 하나

산책 2

이파리 속으로 제 몸을 밀어 넣고
스스로 봉인한 채
그 높은 나무에서 추락해버린 벌레들
오솔길에 즐비하다

제 몸을 불태우라는 것인지
열어보라는 뜻인지
묻어 달라는 말인지
가는 길이 푸르디푸른
신호의 연기로 가득해서

머무르며 해찰하며 돌아서 가고 있는
어느 하루

배롱나무

견딜 수 없이 뜨거운 生일 적에
너는 타오르는구나
광장의 흙터를 덮어오듯
비탈과 비탈 사이
경계와 그 경계를 터오면서 붉어지는
이쯤, 껍데기 같은 것들
애당초 생애엔 없었다는 듯
벗겨지는 표정의
홀가분한 무늬로
경사지에서 전 생애를 밀어 올려
피워 올리는 색깔들
깊어진 빈터마다
찍어내는 꽃도장들
흔들리다 붉어지다
꽃잎은 제 꽃잎을 밀어가는 표정으로
계곡에 왔다 갔다
흔적을 찍어보는

지상에서,
당신은 또 어떠한 방식으로 이 폐허를 메워가며
건너가고 있는지

은유들의 청국장

계곡에서 계곡으로 건너가는 먼 길 같이
뜻과 뜻 사이에서 실들이 길게 늘어나야 발효가 잘된 건지
산맥에서 산맥으로 기다림을 넘듯 눈보라 같아야
긴장의 맛 팽팽한 문장이 되는 건지
계절에서 계절로 숨은 골짜기를 넘듯 해야
글자들이 띄워져서
찐득한 서로의 그리움들 엉켜 들어오는 건지

발효된 향을 알기까지
바람 비 천둥 번개의 징검다리 위를
오래 건너보아야 하는 건지
돌아간 길과 길 사이에서
강물 소리를 들어야 그리운 그 집을 찾을 수 있는 건지
그 글자들 불리고 끓인 뒤에
아무리 이불을 뒤집어쓴다 한들
냄새를 피우면서 처박혀 있다 한들
침묵 속에 웅크리다 먼 침묵을 통과해야

비로소 띄워지며 숙성이 되는 건지

아닌 곳으로 너무 많이 헤맨
비 오는 저녁 무렵
찾아가서 펄펄 끓는 은유들의 청국장을
먹어보고 싶은 그 집

젖은 둥지를 위하여

허공을 배경으로 지어진 그 둥지에
어김없이 비가 들이치고 있다
부리에도, 날개에도, 발톱까지 비를
맞고 있는 새 새끼들
어미가 물어다 준 비 맞은 먹이를
머리를 조아리며 먹는다
처음부터 지붕 위에
서툴게 얹어놓은 몇 개의 가지들
바람이 재빨리 걷어가 버린다
비가 멎으면 먼저
집수리를 하리라 마음을 새기는 어미는
사람들이 매어놓은 줄에 앉아
이리저리 하늘의 기후를 살피다가
부리에 물고 있는 나뭇가지 하나로
새로 얽을 둥지를 가늠해보기도 하지만
한 떼의 새들이 날아가는 걸 보면서
저무는 줄도 모르고
혹시 집에 가는 방향을 잊기라도 한 것처럼

제2부

시월 1

추수란 온갖
껍질을 까느라고 관절이 아픈 과정인데
알맹이가 안 나온다면
서툰 농부처럼 손톱만 많이 상하겠지
상한 손톱을 달고서
가는 길들이 붉어져서 비탈이 되는 중에,
비탈이 더욱 붉어져서 절벽이,
절벽이 더욱 붉어져서 벼랑이,
벼랑이 더욱 붉어져서 허공의 난간을 타고
흘러내리는 잎새들

낙엽들은 왜 흘러내릴 때
물들면서 축축한가
흐느끼듯 뒷모습으로 저마다 혼자 고통을 말아내듯
바스락거리는가
정면을 본 적 없듯 수척한 옆모습들
발등 위로 쌓이다가
무릎을 때리듯이 시큰시큰하다가

시월 2

매달려서 흔들리던 잎새들
맨발로 가고 있네
붉게 붉게 취한 生들
한때는 배경 삼아 펄럭이던 허공
그 허공에 다 주고는
움켜쥘 것 없다는 듯
더는 정처를 만들지 않을 증거처럼
바람에 불려
돌아보지 않고 가네
묻힐 곳이 어디냐고
묻지도 말라 하네
길 위에서, 계곡에서, 낯선 바닥에서
헤매듯 뒹굴다가
강을 만나면 강에 젖어 흘러가고
길을 만나면 길에 취해 비틀리다
소리를 만나면 소리가 되어
붉어지는 그 잎새들
지나는 신발들에 걸리면 지상에서의

잠시의 인연이듯 머뭇머뭇하다가
돌아볼 겨를 없다는 듯
그럴 필요 없다는 듯
더러는 바람에 불려 자기 뜻 아닌 데로

처음처럼 빈 가지엔 여전히
푸른 빈터가 걸려 있고

시월 3

무너져내리는 것들마다 붉어진 채
타오르네 타오르며
돌아가는 뒤축들이 반짝이네
비탈의 흔적을 그만들 거두어서
하늘로 돌아가려 뒤척이는 나뭇잎들

벼랑에 매달려서
바람에 한갓 펄럭이다
가지들 뒤틀리며
뻗어본 쪽은 물길이 막혀 있는 음지쪽을
통과해온
시월의 빛 속에서,

절벽에다 집을 짓고
절벽 쪽에 창을 낸 채
캄캄하게 덜컹대던 시간은
이제 언덕이 되는 사랑이네
그 시간을 아프게 굴러내려 본 너희

길을 타고 먼 길에 당도할 수 있을 것 같네
지상에 발을 씻고 타오르는
저 붉어진 잎새같이

설핏 낮잠에서 설핏 깨어나는 중에

따뜻한 전생에서
오는 소리 들리는 중,

가슴을 다독이는 누군가의 노랫소리
처마 끝 너머 꽃밭 속의
채송화 백일홍 봉숭아 떡잎들 적시는 봄비 소리
철벅철벅 맨발로 내를 건너
엄마한테 가는 소리
아가야 낮잠에서 깨어났구나 우는 나를 안는 소리
둘러업고 포대기로 싸는 소리
엄마의 등허리에 얼굴을 묻는 아기 소리
처마 끝에서 후득후득 떨어지는 빗방울
손금에 받는 소리
그 손금에서 푸릇푸릇 새싹이 피는 소리
피리 부는 소년이 들판을 건너 건너는 사이
그러는 사이
전생에서 이생으로 건너오며
깨어나며

화들짝 쿵 문 여는 소리
꿈 깨이는 현실에서,
누군가가 부딪히는 미안 미안한 소리들이

유리창들

여닫기를 반복하던 얼룩들
들여다보이는 게 더러는 싫은 듯이
덜컹대다 더러 깨지는 습성이다.
해가 지는 방향에선 선량한 근원의 빛인 양 물들다가
안쪽의 내력이 궁금해지다가
배경에 따라서 안팎이 바뀌면서
통로에 놓이는 투명한 이 현실들
서로 자주 스치면서
때론 무늬 있는 커튼을 펄럭거려보지만
어쩜, 상처를 주고받는 자본의 관계이다.
현대 건축구조에선 다각형의 모습으로
색깔과 무늬들이 다양하게 새겨지고
불투명한, 강화된 길목을 끼고 회전문 돌아갈 때
겨를 없이 갇혔다가
겨를 없이 깨진 시간의 각도에 베이기도.
속수무책 닦을 것이
보이다 또 보이지 않게 되다
한 여자가 내부에선 보이는데

외부에선 안 보이는 거울 유리창에 대고
지나가는 제 방향을 비춰보다 낯섦에 흠칫
흠칫 놀라다가

얼룩을 닦다 닳아진 지문 위로
또 하나의 얼룩들이 쓰라리게 각인될 때,

“ ”

바람이 불 때마다 보일 듯 안 보일 듯
무슨 말을 하고 싶어 매달리듯 잠겨 있나
글썽하게 보고 있는 길 잃은 눈빛같이
다쳐도 안 보이는 붕대 감은 상처같이
숨어버린 사연들을, 딱한 까닭들을

높고 깊어져서 순하게 돌아온 가을날의 하늘처럼
쓰다듬어주고 싶은 저녁 무렵

거품에 대하여

거품은 참 소란해
근원이 모호한 분노이듯 가짜이지
격정처럼 착란처럼 거품은 부풀려져
실체도 아닌 것이 본질을 가려놓고
참을 수 없이 나풀나풀 가볍게 막 날아다녀
금방 꺼질 물방울, 그 방울마다 햇빛의 각도를 겨냥하며
표면마다 찬란한 색깔을 입혀놓고
순간의 바람에 순간 날아오르기도
정처도 없는 것을 만질수록
미끈하고 교묘하게 시간의 틈새로 빠져나가 버리는
당신 生의 옆길로 흘러나간
손금의 틈새, 그 슬프도록 하얀 통로가
그 말이지

물든 바지를 입고

무늬를 원했기에 물이 들다
그만 얼룩이 되어버렸다
빠지지가 않는다
물들이 그쪽으로는 건너가지
말았어야 하는 건데
허튼 곳에 오점을 찍어놓고

얼룩진 바지를 입고 나는 어떻게 가야 하나
꼭 그곳을 통과해 가야 하나

오늘도 물들면서
무겁고 어둑하게 펄럭이는 것이 있어
얼룩을 튀기면서 너에게
건너가야 하는 것이 있어
지워지지 않으면서
축축하게
나는 왜 이곳에서 발을 뗄 수 없는 걸까
그 물 때문에?

유리컵

유리컵에 사각의
풍경이 비치며
둥글어진다 투명하게

다각형으로 부딪힌 부분들이
휘어 돌아간 부근에서
곡선의 표정으로 돌아 나올 것 같다

입술을 댄 부근은 아직도
따뜻해서
손가락을 누르면 선명하게
선명하게 박혀 나올 체온으로

겨울나무는 거부하는 몸짓으로

네모반듯하게 정원사는
생각하는 가지들을 자꾸만 잘라냈다
남들이 보기 좋게 반듯해져 가는 나무
하늘을 넓게 펴고
사방에 피를 뻗고도 싶었으나
가위에 잘려나간 푸른 뇌세포들이
청소차에 실려 나가는 것을

어디로 가는 걸까
바람이 불 때마다 아픈 머리를 흔들며
신호를 하는 나무
곁의 행인들이 뒤축으로 일으키는
먼지에 속이 뒤집히기도 하면서
색깔을 잃어가는
나무는 답답하다
이 행길가에서 얼마나 오래 견뎌 서 있을 것인가

나무, 나무의 귀 쪽으로

느껴오는 소리가 떨고 있다
뿌리들이 반란할 때,
얼마나 많은 벌레가 알을 치게 될 것인지
겨우내 거기에만 매달려 있을
그리운 그의 지푸라기 같은 것들
벗겨 태워주는 날은
어지러움에 잠시 잠시 지평선을
흘깃거리기도 할 것이다

비누

쉰내 나는 살 같은 거
밀어 보내버리는,
수분 함량 적당한 화장비누로 변한 세월이
이맘때쯤 보고 싶다
여드름투성이,
말 안 들어 화가 나던, 거울 속의 푸른 애인

봄강을 따라가다 1

겨우내 쑤시면서 멍울진 온갖 색깔들이 일시에 풀어지며 강으로 흘러가네 부푸는 산이랑 마을이랑 다릿목 그 너머의 매듭 많던 길들이랑 강은 이들을 받아주며 비춰주네 나 이제 강을 따라 어디까지 흘러가리 흘러가며 흔들리는 나의 물그림자에 때때로 물 어린 꽃가지도 걸어두며 길을 잃어버렸다고 다 늦어 틀렸다고 말하지 않으리라 소실점을 따라서 강둑을 걸어가면 먼 별로 오래전에 떠나간 사람들이 어둑어둑 덤불 헤치고 돌아올 것 같은 꽃잎 피는 날 뒤축이 푹푹 둑에 빠지면서 발등이 진흙탕에 묻어나도 훨훨훨 꽃잎이듯 바람이듯 강을 돌아가는 길에

봄강을 따라가다 2

바람에 불려 흩날리다
먼 먼 길 밖으로 휘어 돌다
아닌 곳에서 질척이던
꽃잎, 꽃잎, 꽃잎들이 흘러가네

물살은 꽃잎을 적시면서
꽃잎은 물살에 제 피를 풀어내며
떨어진 생의 반경 어디만큼
경계를 허물어 서로에게 물들면서

꽃가지 그림자를 물 위에 걸어놓고
태양이 지나가는 각도를 겨냥하다
더러 사랑이 흔들리기라도 하듯
더러 눈시울이 붉어져 오는 꽃가지들
허공을 배경으로 뻗어가는 생이거나
강물에 그림자로 길어지는 생이거나
봄날의 강가에는 포개지듯 얽혀지듯 어리는 것이 있어
슬픔 같아 슬픔처럼 저어가고픈 것이 있어

노을에 젖어드는 구름의 경계선과
하늘에 젖어드는 노을의 경계선이
흘러가는, 낯설고도 이상한 저 찬란함 속에서들

허물을 벗으며 그 숲을 건너가다

어디쯤의 벼랑에다
긁히듯이 조금씩 허물을 벗어놓았을까

비탈로 비탈길로
넘어질 적마다 나뭇가지들 서로들 얼기설기
허물을 벗었길래 붉디붉어 아린 몸을 받쳐준 이곳에서,
그 사람은 아프게도 경계선을 밟았는지
허물을 벗으면서 넘었는지
그 너머의 낯선 한 풍경을 보았는지

이 숲을 지나오며
참 많이도 벗어 걸쳐놓은,
그 허물을 입고서는 쏘다닐 땐 몰랐는데
벗은 걸 여기저기 걸어놓으니
햇빛 속에 드러나는 목숨의 구차한 이유들이
나무에겐 무겁고도 불편함이었건만
내색 없이 지금까지 받치고 덮어주었다니

지나오다 긁힌 상처를 또 배경 삼아
골짜기의 언저리들
지나는 중도에서,

자전하는 둥지 안에서

이 광야가 흘러가서 엄마가 되었으면
이 비탈이 흘러가서 지평선이,
이 사막이 흘러가서 우물이,
이 길이 흘러가서 우체통이 되었으면
절벽이 흘러가서 지붕이,
벌판이 흘러가서 언덕이,
되었으면 하는 것들 흘러가서 되었으면

바람 따라 흔들리는 이 지상의 둥지 안에서
날마다 자전하는 이 지구가
절벽이 되었다가,
평지가 되었다가,
매달려 있었다가 똑바로 서 있었다가,
현기증에 달려 있는 저 동그란 알들은
피우려고 매달린 꽃봉오리인지,
다 피우고 맺혀 있는 씨앗 주머니인지,

제3부

단풍나무 아래서

이 비가 지나가면 단풍은 다 지겠다
빗방울 떨어질 때마다
잎새들은 길바닥에 더 납작 엎드리며
안간힘을 쓴다
엎드린 그 바닥에 젖으면 안 될, 깊은
내용이 있는 걸까
바닥에 엎드린 채 바닥을 안고 있는
단풍잎을 들어 올리자
잎새 그 모양대로 젖지 않은 바닥이 무늬를 만들었다
엎드려서 만든 무늬
짓밟히며 만든 무늬
잎사귀가 할 수 있는 마지막 적선이란
당신이 통과해갈 길들이 젖지 않게
엎드려
붉고 노란 지문들을 기록처럼 비문처럼
길에 찍는 것이었다는 듯이

광부의 고백

생애를 채굴하듯 물어보는 직업란에
난 일명 '광부'라고 적는데요
하는 일이 광부인 줄 아무도 모르지요
내력이 고난 중인 지층의 맥을 짚어보다
휘어진 연장을 들고 귀가하곤 하지만
때론 흐르는 강바닥에서 반짝이는 걸 주워들고
빠른 물살에 헹궈보고는
그게 정녕 금인지, 쇳덩인지, 모래알에 불과한지,
시력이 안 좋은 나

어떤 날은 핀셋으로 집어 알갱이를 해부하고
어떤 날은 총체적으로 중량을 알아내고
때론 심정까지 보태가며 색깔을 헤아리는데요
그렇다고 그게 글쎄 저잣거리에 나간다고 사갈 리가 있나요
팔아서 한 번도 밥이 된 적이 없고
팔아서 한 번도 울타리도 된 적 없어
영혼의 목걸이네 어쩌네 하며 숨겨놓는

나를 보고 미쳐버린 광부라 한들
참 어려운 당신 속내를 캐내는 작업보다야
쉽지 않겠는지요

보리밭

한 생애가 밀려가고
한 생애가 밀려오듯

해가 뜨고
해가 지는 지평선을 배경으로

생애를 걸고 출렁이는
이 초록의 모가지들

그는 방금 어떤 길을 통과해 지나왔네

그는 방금 어떤 길을
통과해 지나왔네
귀 대면 신호처럼 울림들이 온몸에 출렁이네
그 길을 지나오며
아프디아픈 세포 속으로
자연이란 그의 아름다운 병원에서
바람, 햇빛, 잎새의 향기들을 투약했네
병들어 그간 죽은 줄 알았던, 꼼짝 못했던 마디들이
푸르게 눈을 떴네 살아나고 있었네
적막하나 향기롭게
영혼의 난간에 푸른 심지를 돋우면서

죽었다가 깨어나는 시간 위의 날들에서,
둥근 테두리의 풍경을 배경으로 하늘을 들여놓고
그간 불치의 세포들은
골짜기를 흘러 흘러
썩어 기름진 언덕으로 돌아간 뒤,

동굴에 사는 그 물고기네 봄

눈이 없어 사연이 있는 것 같은데
비늘이 없어 까닭이 있는 것 같은데
푸른 비늘이 돋아나려 하는지,
눈동자가 박히려 하는 건지,
동굴이 꿈틀대네
눈멀었던 아득함께로
시렸던 한 슬픔께로
깊고 말랑한 푸른 종유석이 돋아
길눈 서툰 지느러미 위에 신호로 떨궈지려는 듯

바람은 구름을 비질하듯 그 사이로
자리바꿈하는 별들 들썩들썩해지는 때

사월

떨어진 꽃잎들이 바람에
외진 길로만 쏠려가서

비탈에 선 집들이 어쩌면
화사하게 펄럭인다
당신이 사는 방의 지붕을 덮나 보다
향기의 진동을 타고 온다던 소식들은
어디쯤의 중도에서 모가지가 잠겼을까
붉어진 꽃잎 하나
계단으로 떨어진다
속으로만 박혀서들 흘러가는 소리에
철벅거리는 마음이 말릴 데를 찾아본들

어린 아들의 일기

엄마의 손바닥은 참 껄끄러워
지문도 껄끄럽고
바닥도 껄끄러워
손톱 세워 긁지 않아도
그냥 손바닥을 펴 부드럽게
내 등을 문지르기만 해도 시원하고 참 좋아져
한낮에 가려웠던 안 보였던 등허리의
가려운 게 다 없어져
엄마 손은 내 가려운 등 긁기에 딱 좋아
긁개 손이야
어느 날 가깝다는 병원의 문이란
문은 모두 닫힌 한밤중
아프던 나의 배를 밤새워 만져주며 낫게 하더니
어쩜 그리도 거친 손이 약손이 되었는지
지금은 잘 모르지만
내가 크면 엄마의 처방전을 내가 모두 내릴 거야
캄캄한 밤 모두 잠든 밤에
무서운 꿈꾸게 되면 나를 흔들어 깨워주는 울 엄마

엄마도 악몽에 시달리지 말고
오늘 밤 잘 주무세요 사랑하는 내 엄마야

천둥을 보았다

한통속으로만 구름들 빠르게 쏠려갈 때,
비켜주면 떨어지는 외나무다리인 양
구름들, 뿔과 뿔을 세워 각도를 부딪칠 때,
흩어지면 아무것, 아무것도 아닌 것을
일러 구름 박치기할 때,
난 천둥을 보았다

전조증상이 있긴 하지
사방이 갑자기 캄캄해져 올 때에
칼집에서 칼을 빼어
가장 어두운 허공 향해 빛의 길을
당신은 빛의 속도로 그어주지만

길눈에 어두워서 집으로 가는 지도를
잘못 읽어내리는 순간,
녹슨 연장으로 물길을 거슬러 트는 순간,
무지한 채 죽는 죄를 범하려 하는 순간,

지워진 안내 방송

덜컹덜컹 허물어지다
의심쩍은 손잡이에 아슬아슬
매달리다
북극 나라의 좌표처럼
입구의 부근에서 서성대는 사람들
안으로 안으로 못 들어간 입김들에
유리창이 흐려지며
얼마나

얼마나 보이지 않는
정류장을 지나쳐 와버렸을까
납작해진 구두코에
황토가 번져나며 노선이 바뀌어버린 여기
얼마큼 더 가야 독립문이 나오나요
독립문 열고 가면
굴뚝이 푸른 당신의 방
보이나요

경사가 아름다운 골짜기

비탈에 둥지 트는 삶이
눈부신 날들
그간 푸르디푸른 열정으로 흔들리던 가지들
침묵으로 언덕 깊이 내려앉는 시월이네
이사를 가버린 무덤, 붉어진 그 폐허 위로는
生을 다한 손금인가 효력 다한 유서들이
바스락거리며 쌓여가고
해가 지는 쪽으로 다리를 건너가면
벼랑마다 잎새들이 지문을 찍으면서
뒤척이며 탄내 나며 시절을 마감하는 소리

깊이 깊이 풀어내어
묻힐 언덕을 만나거라 만나 다음 봄이라 하는 날에
환생으로 흘러가라
잎새란 잎새들 바람에 모두 쏠려
이 계곡에 모여들어 향기롭게 썩는 내가 겨우내 진동하리
길을 가는 사랑에게 비키듯 비켜주듯
길 터주는 모양새의 경사가 아름다운 이 골짜기에서,

까마귀가 있는 보리밭
— 고흐를 추모하며

허공으로 불어가는 보리밭이 일렁이네
까마귀들 예감인 듯 넘어지며 울고 가네
그 부리에 아프게 물리는 것이 있어
지평선이 흔들리며 보리밭 속으로

노란 우울이 들어가
그쯤에서 해독이 어려워지는 캔버스 위의 生에
몇 번의 발작이 심하게 일었다지
사나운 색깔로 번져가는 보리밭 위에서,
까마귀들 하늘 속으로 날아가는 것인지,
폭풍 속에서 보리밭으로 내려앉는 것인지,
천지에 혼불을 질러놓던

상처 난 그 영혼의 갈피에서 한 길이 흘러나와
그 길 속에 서서 등불을 들고 걸어가는
한 사람의 생애가 있어

지하철을 타고 가다

터널을 통과할 때 보인다
꺾은선 그래프처럼

어깨를 비춰보며
넝쿨장미인 듯 타오르고 싶었던
당신이나 나나 부딪는 게 닮았다
스크린도어 밖에서만 지하철을 기다리다
生의 옆면으로만 깎이듯 스쳐
경계, 건너와 버린 모습으로

흑점이 태양에 생기는, 비 일찍부터 내리는 봄
창이 캄캄할수록
안쪽이 더욱 들여다보인다고
티슈도 없이 말을 하는 우리
커브를 돌아가는 지점 속에 섞여

이정표의 철자가 틀린 지대를 지나가는 오후
가는 사람 어디라 손잡이들을 틀어잡나

인상 쓴 모자 속의 풀이 죽은 눈썹들이
싹수 푸른 지층 위로 돋아 오르고 싶은,
잠시 만난 우리 혹 당신들은

함박눈

크게 젖어 취하던 파도
파도가 내려요
흰 파도가 내려요
부활을 모르고 산발했던 목숨은 잠재우고
울음 여며 내려요
수난에 길들다 보면
저리 흰빛이 되는 건가요
물길 막힌 땅
허기 들린 목숨들
뿌리 적셔 물 올리려
두근거리며 내려요
길들지 못한 고운 것들
어루만지며
쓰다듬으며
슬프나 아름다운 연애 같은 길 위에서,

어깨 너머로 지평선이 흔들리고
기대면 슬픈 배처럼 출렁이는 당신, 당신들은

파도를 둥글려서 일생을 만드나요
손톱 끝이 아리도록 한 세월을 추슬러서 눈사람을 만드나요

지평 위에 떨어지는 눈발들이 아득하다

봄날은 지나간다

온갖 색깔 묻은 꽃잎이
강으로 떨어지네
물감으로 풀어지며 生이 화사하거나
더욱 쓸쓸해지는 것들
흘러간 어디쯤에서 하얗게 바래지리
아무 일도 없었던 듯
물소리로 흘러가는
물굽이, 굽이에서,

한껏 젖어 흔들리다 언덕을 넘어가는 곁으로는
어깨로, 머리로, 등허리로 떨어지는
꽃잎을 받으려고 달리는 아이들이
산을 넘어 지나가고

땡볕 아래의 한 생애가
닳아진 뒤축으로 방향을 틀고 싶어지는
봄날은 지나가네
연둣빛 구름으로 피어나는 환영(幻影)의 숲

비 맞은 산새가 날개를 털며 지나가는

유월 아침

사나워라 모난 것들
동그랗게 쓰다듬으며 뻐꾸기
울어대는 유월 아침

그 소리 안으로 들이고 싶어
창이란 창문은 모두 열어놓았는데요
외진 곳에서부터 젖은 빨래들까지
꽃물 들듯 환해지며
잠자는 아이의 꿈속까지 따라갔는지
몹시도 뒤척이며 늦잠 자는 아이
깰까 봐 곁으로 깨금발 짚고 걸어갈 때,

숲속에서 뻐꾸기랑 서로
나무의 나이테를 감으면서 놀았는지
잠 깬 아이가 부쩍 자라 보이고
숲들이 진동하는
유월 아침이었는데요
꽃이 진다고도 그리 울어대더니

무성한 잎 틔우면서 또 그리 울어댐은

까닭이 있어서겠지요?

착한 구멍

언제 다 빠져나가 버렸을까
도토리 떨어지면 도토리 주워 넣고
밤톨 떨어지면 밤톨 주워 넣었는데
주머니, 이 해진 주머니가 말썽을 부렸구나
눈알을 반짝이며 통통해진 볼 주머니를 하고
따라오던 다람쥐
그럴 만한 따뜻한 이유가 있었구나
이제 다 빠져나가
가벼워진 텅 빈 주머니 속으로는
깊어진 하늘이 만져지는 가을 저녁

제4부

국경선을 넘는 이유 혹은

국경선을 넘으니 꽃이 피게 되는구나
믿었던 가치와 의미와 쓸모와 중심들이
선 밖으로 넘어가자
경계가 이동하며
쓸모없어져 버린 집
쓸모없어져 버린 모자
쓸모없어져 버린 상식과 가방 속에 온갖
밑줄 그어 놓은 활자들
경계 밖으로 넘어가자
잊으라던 네 말들 드디어 잊게 되며
얼었던 어깨에서 피어나고 있는 꽃들
다시 진동하는 生들
저어했던 뭇 벽마다 출렁출렁 물들면서
넝쿨에서 넝쿨로 뻗어가듯
뻗어오듯
선 하나를 이렇게 넘어왔을 뿐인데

물드는 나무

물드는 게
아팠었구나
바스락거리다 뒤척이다 돌아눕다
붉고 노란 열꽃들을 온몸에 매달음은
한때 세월과 불화했던 시절들의 반성문처럼

울고 난 뒤의
눈물 어린 눈으로, 반짝거리는 맑음으로
죄송하다
미안하다
깊어져서 붉은 지문을 찍는

나무들, 물들어가는 길 위에서,
다음 생으로 스며가는
길은 왜 이리도 아름다운 혁명일까
뒤척이다 상처 난 잎새, 잎새 사이로들
먼 날을 기약하듯 당신의 초상이 보이는 때

고드름

여기서부터는
더는 갈 수 없다
발을 내디디면
절벽이다
모서리다
궁극이다
그곳이 제 터라고 맑게
맑게 맺힌 것들
녹아 흐를 때
찌를 듯이
아픈가 당신은
무너지듯 허무한가
그곳에서부터 시작되는 세상의
강물이 보이는가

휴경지

여기는 당신 영역의 표시라고
박아놓은 말뚝들에
매인 허리가 아파서요
한 해쯤 쉬어가며
썩어 기름질 수 있다면

그간 깊디깊게 파놓은 가슴께의 고랑을 타고
질척한 물들이 씨앗을 파헤치며 흘러가서
싹수 틀 줄 몰라 하다 거둘 것 없던 가을이
발등에 부서지며 저린데

어둡고 후미진 헛간의 벽에 걸려
녹슬면서 꿈꾸거나
자루가 빠진 채로 뒹구는
연장이란 연장들
따끔해진 저 햇살에 씻어 걸어두고
매었던 허리를 느긋하게
햇살에 아픈 허리까지 풀어놓고

쉬어보는 여기를

단단하게 굳어져서
어떠한 거름도 스며들지 못하도록
무수한 발등으로 질러버리지 말고
돌아서 가주신다면
한 번쯤 푹 썩어서
기름진 이랑을 일굴 수 있을 텐데

해안선을 배경으로

물색이 흔들려요
수심이 변해가고 있어요
새끼손가락을 걸어보는 부근에서
손금 찢어지면서
수평선 옆으로만 그물코는 던져져요
걸리는 건
중독증에 걸린 아가미, 부레 빠진 물고기들

이토록 좁은 해안선을 배경으로
개구리밥같이 뜬 것들에
기도가 닫혀가요 내
감각의 입구가 막혀가는 처방전을
지문이 푸른 당신의 방으로 가 내려보고 싶은데요
디딜 때마다 파문이
질척한 해안지대에서
뒤꿈치가 찔린 듯 울컥울컥 걸어가며

풍경을 이식하다

풍경의 자궁에서 방금 끄집어낸
태반의 푸른 김이,
투명한 실핏줄이,
고동치는 숲 나무 바람 햇빛 들
장기를 떼어낸 당신에게
사경을 헤매는 그대에게 이식하면
파릇파릇 살아 돌아올 것 같은
저 변증의

살아나는 법으로 살아나라

민달팽이

집을 벗어버리니
저절로 굴레가 벗겨지네
천지사방 해가 뜨고
천지사방 해가 지고
상식을, 상투적을, 모자를 벗어버리니
홀가분한 아침부터 홀가분한 저녁까지
모든 것이 방향이고
또 아닌 방향이네
가다가 가다가
소심한 속임수의 어떤 모서리에 걸려
꼬들꼬들 가슴이 말라버려
다칠지도, 죽을지도, 영 안 돌아올지도,
바닥이란 바닥마다 벗은 배를 바싹 대고
방향이라 가는 쪽이
파도인지, 절벽인지, 외나무다리 쪽인지
염려인들 전신으로 밀어가며

바람이 불 때마다 전 생애를 다해 그으며

지나온 은빛의 밑줄들에
고요하고 평화롭게 이정표의 방향으로 흔들릴 수 있다면
생애를 반짝거리며 펄럭일 수 있다면

홰에 앉은 닭들의 저녁나절

바람 부는 담장을 돌아가며 쪼아댔을 부리가 부어 있다 먹이의 한 통로인지 구렁인지 그리도 딱딱한 걸 소란하게 쪼아대다

길의 한 방식을 보아버린 눈빛으로 더는 멀리 가지 못하는 저녁 무렵, 피워놓은 불빛을 배경으로 홰에 앉아 한낮을 지나오다 붉어진 날개들을 보여주며

일렁거림 같은 것들 쓰다듬는다 떨구어 땅을 보고 모이를 찾아 헤맨 자국들 물 한 모금 입에 물고 하늘 한 번 쳐다보곤

현상

구멍 난 줄도 모르고
코스모스 꽃씨를 받아 주머니에 넣던 아이의
텅 빈 귀로는 자라나서
반대편으로만 가는 것들에 손 흔들다
눈시울이 뜨거워진 여자의 촉각까지 따라올 것이다
철로 변엔 바람 불 것이다

싹 트는 거기쯤엔

1

무슨 말을 하고 싶어
모가지가 잠긴 채로

막에 싸인 목숨들
이제는 숨이 막혀
눈뜨고 싶은
맨발 산발의 바람 속, 그 지평선에서

命이 짧은 바늘귀에 꿰어지지 않는 색실인 양
찢어지는 떡잎들
떼면 아플 덜 아문 딱지처럼
사정없이 드러나다 아리게
아리게 피어나고 있는 뼈들
살들

2

꿈꾼 것을 누군가에게

말해보고 싶은 건지
추운 동굴을 통과하여
아프도록 깨어나는 결속된 저 응집들
당신의 어깨 너머 지평선이 흔들릴 때

참 다행인 새

비 내리는 줄에 앉은 저 새
어깨가 흠뻑 젖어서는
비 맞은 부리로 '내 탓이오 내 탓이오'
제 가슴을 친다
줄에 앉는 자세가 아직 길들지 않은 듯이
기우뚱거리면서 좌우를 살피다가
붉어진 한쪽 발로 머리를 긁적이다가
줄에서 또 줄을 타며 한통속인 듯 쏠려가는 빗방울들을
콕콕 쪼아보다가
먹으면 안 될 것을 나눠 먹은 표정으로
목 넘기기가 불편한지 대가리를 조아리며
꾸역꾸역하다가

천둥 번개가 치자마자
와르르 떨어지는 빗방울들
외면하듯 날아가는 참 다행인 저 새떼들

증상에 대한 처방전

발등을 찍으며 공사하고 나면
밀려오는 이 허기들
내부 구조의 문제인지, 뇌 구조의 문제인지
사막으로, 폐허로, 광야로 길을 내는 허무 같아
터널을 통과하다 가로등이 설치 안 된 어둔 벽 앞에서는
손톱 세워 까닭을 새겨 넣다 그 까닭을 이정표 삼아
통로를 내었는데
참 고약한 노동을 하고 만 것 같아
바닥부터 틀어지게 벽돌을 쌓던 입구부터
못 박은 자리에서 못을 빼낸 출구까지
안 보이는 작업을 막 끝내고 돌아온
허무한 저녁처럼 허기져오는 나에게
처방을 내려다오
제 발등을 찍으며 벽돌을 쌓고 아파하는
증상에 대한 처방전을

젖은 담배를 아예 비벼 꺼버리거나
젖은 담배에 불을 피워 수작을 거는 거라고요?

겨울, 벗은 나무 곁에서

흔들림의 온갖 색깔을 벗었군요
한 생의 숨은 길을 보아버린 눈동자가
그곳에 박혔나요
흘러가는 지상의 길이란 모든
길들이 투영되며 제 갈 곳을 비춰보는

응시처럼
고요하게
최소한의 뼈대만 남으면서 깊어지는
당신의 가지마다
지나치게 펄럭이던 내 生의
소란하던 한 대목을 걸어놓고
지웠다가 고쳐 다시 걸어보곤 하는

바람이 불 때마다
가던 새가 의문처럼 쪼던 자리
안으로 그 안으로는
증상들을 통과한 이력을 새기나요

한때 그리 찬란하던 생애를 풀어내듯
벗은 나무들 곁에 서서

불온한 안락의자

저런 모습으로 저 자리에 있으려면
참 불편하겠구나
의자라 하기엔 너무 넓은 자리 차지한 채,
견고하게 받쳐주는 어깨뼈부터 허리까지
무릎을 구부릴 필요 없이 알아서 두드려주는 진동까지
참 안락한 구도여서
저 의자에 앉게 되면
전류에 피톨들이 아닌 곳으로 흐를 것 같아
본성과 멀어지는 혼돈으로 흘러
이상징후인 자율신경의 실조가 될 것 같아
좀 아름다운 노동을 하고 난 뒤
좀 겸손하게 수고를 느끼면 안 되는지
스스로 팔을 뻗어 스스로 치유하듯
노동의 과정이 그리울 법도 한데

어느 날 견고하고 변함없는 무게 같은
저 의자에 앉을 생각 전혀 없이
버리러 가게 될 것 같아

왜 나는 처음부터 저 의자를 보게 되면
버리는데 참 거추장스럽겠다고
불온한 생각부터 드는 건지,
불현듯 화악 끌어안지도 못하는,
까닭의 곁으로는
붉은 알락꼬리원숭이가 보호색 털을 세우며 지나갔다

아가의 방

업어 재운 아기를
방에 뉘는 중에
휘어버린 엄마 등에서
어떻게 길에 손을 뻗을 수가 있었을까
익은 씨앗을 까맣게 골라 받아놓은 너의

손에 가득 쥔 꽃씨들이
이불에 몰래 쏟아졌다
꽃씨를 먹으면 가슴에서 꽃이
핀다고 믿는 아가
손금의 이랑마다 꽃이 피는 중인지
꿈을 꾸는 숨
소리가 가빴다가 느렸다가

햇빛의 혀가 풍경을 핥는
시월 오후

햇빛을 따라가는 넝쿨

넝쿨은 햇빛의 각도를 따라가며
제 生을 휘었다 뻗다 돌아가다 폈다 했다
굽은 줄기의 등허리 쪽으로 손가락 대어보면
붉어지게 대롱거리며 달린 뜨거운 꽃

그간 장마에 젖어버린 잎사귀들
가만가만 환영(幻影)의 햇빛 쪽으로
살진 햇살 쪽으로

젖는 소리

손바닥 베이곤 하던 억센 풀잎 위에,
번지가 바뀌는 갈림길 모서리에,
젖는 소리 순하다
겸허히 엎드린
크고 작은 풀잎들의 키가 평등해지며
각이 진 당신들의 목소리를 적시고
먼지 풀썩이는 이 바닥을 다독이듯 적시고

젖으면서 고개를 수그리고
젖어서야 귀를 기울이는 사람들
고요하고 푸른 비의 그늘 아래서
지평선 먼 너머를 바라보는 젖는 순간

해설

얼룩의 구경적 탐구

노지영 문학평론가

종이 위의 물방울이
한참을 마르지 않다가
물방울 사라진 자리에
얼룩이 지고 비틀려
지워지지 않는 흔적이 있다
— 이성복, 「느낌」 중에서

1. 찌름의 얼룩들 : 느낌은 어떻게 오는가

잘 알려진 텍스트에서부터 시작하자. "느낌은 어떻게 오는가."* 일찍이 이성복 시인은 얼룩을 통해 느낌의 체제를 노래한 바 있다. "얼룩이 지고 비틀려/지워지지 않는 흔적"이 한 개인을 찌르고 상처 입히는 순간, 느낌이 발생한다는 것이다. 그 느낌에 붙들린 개인은 비로소 시마에 사로잡힌 시인이 될 수 있다. 그리하여 시는 얼룩의 장소에서 기억해야 할 것들을 불러낸다. 꽃이 피고 지는 사이

* 문순영의 시집을 이성복의 「느낌」이란 시와 조응시키면서, 이성복의 시 구절 일부를 글의 소제목과 본문에 중간 중간 인용하였음을 밝혀둡니다.

한참을 마르지 않았던 물방울을, 그것이 종이 위에 맺혀 있던 시간들을……. 그리고 물방울 사라진 자리에서 우리 시의 지워지지 않는 '얼룩'들을 남겨, 느낌의 체제를 지속적으로 노래해야 한다는 것까지…….

'느낌'은 '얼룩'에서부터 오는 것 같다. 위의 시와 같이 얼룩을 노래한 텍스트들을 우리는 어렵지 않게 찾아볼 수 있고, 어쩌면 이들을 묶어 하나의 얼룩의 주제학을 기술할 수도 있을 것 같다. 여태껏 많은 시인들이 얼룩을 노래한 것은 아마도 얼룩과의 만남이 시적인 것과 마주치는 과정에 유비될 수 있기 때문이 아닐까. 이러한 얼룩과의 마주침은 하나의 사고(事故)와 같다. 얼룩은 생각지도 않은 어떤 것이 삶의 바탕에 남아 있는 침입의 사건이며, 롤랑 바르트가 말한 '푼크툼'의 순간처럼, 그러한 침입에 장악당하며 우리가 시각적 무의식을 돌출하게 되는 사고의 순간이다. 그래서 얼룩은 사고(思考)를 불러오기도 한다. 그 낯선 침입적 사건을 보면서 시인은 얼룩의 내력을 궁리하게 된다. 그 얼룩의 흔적에 개입한 세계를 궁구하게 되고, 본바탕과 다른 색채나 비틀림을 가진 얼룩을 통해 지배적인 대상, 그 이상의 것에 관심을 갖게 된다. 그리하여 얼룩은 언제나 타자의 세계를 품고 있다. 얼룩은 이차원적인 객관세계에 의미의 균열을 낼 수 있는 '틈'이자, 객관세계를 새로운 주관적 의미로 재구성하거나 고유의 의미로 확장할 수 있는 통로가 되는 것이다. 얼룩을 통해 우리는 평면적 세계를 입체화시키는 작업에 동참하며, 새로운 의미로 가득 찬 역동적인 세계와 대화할 수 있다.

전술하였듯이 얼룩을 파편적으로 언급하거나 풍경의 세부로 묘사한 시들은 종종 찾아볼 수 있다. 그러나 그러한 얼룩이 세계와 조응하는 양상을 시집 한 권의 분량으로 끈질기게 천착한 시편들을 만나기는 쉽지 않은 일이다. 문순영 시의 미덕이 돋보이는 부분은 바로 여기이다. 그녀의 작업은 한순간의 현상적 세부를 포착하는 것에 그치지 않는다. 개인과 분리되었다 여긴 세계가 얼룩의 흔적을 통해 먼저 말을 거는 순간, 그녀의 시가 가진 '느낌'이 사건처럼 침입해 다가온다. 문순영 시인은 이러한 얼룩에 찔리고 상처 입으며 세계와 개입하는 고유한 순간을 누구보다 성실히 시화하여 왔다. 그리고 얼룩의 내력을 궁구하고, 생에 참여하는 얼룩의 작용을 누구보다 적극적으로 파헤쳐나가기도 했다. 그러한 시인의 집요한 작업을 얼룩의 구경적(究竟的) 탐구라 이름 하면 어떨까.

2. 왜상의 얼룩들 : 얼룩이 지고 비틀려 지워지지 않는 흔적

누군가에게 때로 얼룩의 탄생은 오점일 수 있다. 세계의 본바탕을 오염시키는 불순한 것으로서 말이다. "물이 들다/그만 얼룩이 되어버"려 "허튼 곳에 오점을 찍어놓"(물든 바지를 입고)는 경우도 있을 수 있다. 그러나 문순영의 시는 그런 상황 속에서도 얼룩을 단순히 지워야 하는 대상으로 취급하지 않는다. 시인의 시에서 얼룩은 닦아내는 반복적 습관 속에서도 지워지지 않은 채로 언제나 우리 삶 속에 집요하게 회귀하는 어떤 것이다. 그리하여 얼룩은 생을 직시하게 만드는 어떤 것으로 기능한다. 먼저 세계 속에서 얼룩이 출현하는 양상을 잘 보여주고 있는 아래의 시를 살펴보자.

> 여닫기를 반복하던 얼룩들
> 들여다보이는 게 더러는 싫은 듯이
> 덜컹대다 더러 깨지는 습성이다.
> 해가 지는 방향에선 선량한 근원의 빛인 양 물들다가
> 안쪽의 내력이 궁금해지다가
> 배경에 따라서 안팎이 바뀌면서
> 통로에 놓이는 투명한 이 현실들
> ……(중략)……
> 속수무책 닦을 것이
> 보이다 또 보이지 않게 되다
> 한 여자가 내부에선 보이는데

외부에선 안 보이는 거울 유리창에 대고
지나가는 제 방향을 비춰보다 낯섦에 흠칫
흠칫 놀라다가

얼룩을 닦다 닳아진 지문 위로
또 하나의 얼룩들이 쓰라리게 각인될 때,

—「유리창들」 부분

이 시에서 우리는 통로에 놓인 유리창을 통해 삶에 왜상(歪像, anamorphosis)으로 출현한 얼룩의 성질을 읽어낼 수 있다. "해가 지는 방향에선 선량한 근원의 빛인 양 물들"지만 그 방향을 달리하여 바라보면, 세상은 왜상의 얼룩적 이미지로 가득하다. "안쪽의 내력이 궁금해 보이다가/배경에 따라서 안팎이 바뀌"기도 하는 것은 현재의 "투명한 현실들"의 취약함을 잘 보여주는 진술이라고 할 수 있다. 원근법적 시각으로 미처 다 포획되지 못하는 세계, 즉 '외부'와 '내부'의 낯선 '각도'들 속에서 "보이다 또 보이지 않게 되"는 세계 속에서 '얼룩'은 일순간 그 존재를 드러낸다. 마치 한스 홀바인의 〈대사들〉이라는 그림에 숨어 있는 해골의 형상이 어떠한 방향에서 바라볼 때는 하나의 얼룩처럼 보이지만, 또 다른 낯선 각도에서 볼 때 스스로 드러나는 '진리' 자체가 되듯이 말이다. 세계 속에 억압되고 감금된 시각장에서 벗어나 이미지 대상들이 얼룩의 왜상으로 터져나올 때, 낯선 각도에서 "흠칫//흠칫 놀라"며 시적 진리가 탄생된다. 그리고 "얼룩을 닦다 닮아진 지문 위로//또 하나의 얼룩들이" 덧씌워질 때, 그 얼룩과 얼룩이 겹쳐져서 하나의 표상으로 환원될 수 없을 때, 얼룩의 낯선 이미지는 우리에게 더욱 "쓰라려 오며 각인되"는 것이다.

"해가 지는 방향"이나 "근원의 빛"과 같은 신적인 세계관으로 바라보는 것이 아니라 인간의 시각으로 "안쪽의 내력"을 읽는 순간, 그 낯선 위치에서 인간은 비로소 시인으로 현존하게 된다. 시인은 인간의 각도에서 "얼룩이 지고 비틀려/지워지지 않는 흔적"(이성복, 「느낌」)들을 발견하는 존재이다. 그리고 세계 내에서 왜상적 얼룩을 바라보지만, 왜상의 실제 형상을 무수히 다른 각도에서 응시하며, 세계의 무한한 내력을 재구성하는 존재이다.

시집의 제목인 '사려 깊은 얼룩'이라는 표현은 그래서 흥미롭다. 얼룩은 단순히 평면적으로 존재하고 있던 세계 내 공간을 '내력'의 입체적 시간성으로 인도하고, 그 안에서 새로이 생각을 깨워나간다. 이렇게 세계와 상호작용하는 시간성 속에서, 얼룩이란 것은 '사려 깊게' 견뎌온 내력의 무늬로 변주되기도 한다. 그렇다면 얼룩과 무늬의 변주적 존립방식이 잘 드러나 있는 아래의 시를 살펴보자.

본디 너의 습성은
바람 센 벼랑에서 깊어진 꿈을 뻗는 건데
피워 올리는 사연들을
그리 얽고 오그려대는 절제라니
너무 작은 화분에 심어진 까닭인 터

먼 길 쪽이 궁금해 귀를 세운 가지들부터
깊은 하늘 쪽으로 눈뜬 고요한 꽃눈들
틔워 푸르게 펄럭이고픈 잎새를 지나
큰 산맥 쪽으로 흘러가고 싶었던 그리운 그 뿌리까지
심정을 몰라주듯 다듬어져
당신들이 잘 보이는 유리벽 아래 놓여서

자신의 뜻 아닌 데서 쓰다듬어지는 날들
허공을, 하늘을, 횡단하는 그 영역을
경계에 묶여 만질 수 없는 상실인데
녹물들 흘러내리는 오래된 철삿줄에
뒤집어쓴 상처가 무늬가 되는 목숨이라고
아프나 아름다운 이력이 되는 생이라고
피워 올리는 꽃
꽃들이 참 뜨겁다

—「그리워하다, 분재」 전문

분재는 그것의 작은 크기에도 불구하고, 수십 년, 아니 그 이상의 "오래된 철삿줄"을 감내해 온 이력을 가지고 있다. 시각장 안에서 왜소하게 보이는 이미지와 달리 분재는 거대한 상실의 시간을 인내하였고, 상처를 압축하여 왔다. 그리고 "당신들이 잘 보이는 유리벽 아래"라는 시각장에서 분재는 본래의 '습성'을 상실해왔다. 유리벽이라는 스크린 뒤에서 '당신들'의 시선에 꼼짝없이 갇힌 채로 "쓰다듬어"져 온 것이다. 대자연의 수형미(樹形美)를 재현하기 위해 분재가 견뎌온 상처의 시간은 현재는 아기자기한 형상 안에서 하나의 무늬를 이루며 말끔하게 봉합되어 있다. 얼룩의 상처는 그렇게 시간을 품으며 무늬화한다. 그리하여 시인은 유리벽 안에서 현재의 실재적 외양을 전시하는 분재의 고통을 이야기하면서, 그 아름다움 뒤에서 앓아온 것들이 어떤 무늬로 자리 잡아 가는지를 동시에 노래한다. 이는 "자신의 뜻 아닌 데서" "그리 얽고 오그려대는 절제"로 인해 "뒤집어쓴 상처가" "곧 무늬가 되는 목숨"을 보여주는 방식이다. 분재의 육체에 각인된 상처의 얼룩들은 이제 재현된 수형 속에서 무늬를 이루며 상처가 '거기에 있었음(having-been-there)'을 드러내는 작용을 한다. 그 상실의 이력 안에서도 아름다운 꽃이 피고, 그 상처가 하나의 무늬로 현시되고 있으므로, 우리는 얼룩의 대상을 보는 동시에 그 대상 안에 '있었던 것(Noema)'을 더욱 진지하게 사유하며 시를 읽을 수 있다.

물들이 방향을 거스른 표정이다
일생이 '출렁' 한 번 소용돌이쳤나 보다
꽃씨를 받으려다 손금이 휘어져 버린 당신처럼
손가락이 길어지도록 번호를 눌렀으나 열리지 않던 자물통처럼
깊고 단단한 상처가 되어버린 것들

그렇듯 끌어안고 견딘 시간의 흔적들이
침묵으로 깊어진 채
이제 없어선 안 될 이력서가 되는구나
한때 뒤틀린 시절들은 푸르디푸른 심지가 되는 거라면
어느 날 상처 난 짐승의 가죽이 소파의 무늬가 되듯이
옹이 박힌 흉터가 아름다운 무늬의 책상이 되듯이
통과해야만 했을 너희의 내력을 배경 삼아

일생 동안 맺혀서 앓았던 한 사랑이
그 자리에 가지를 뻗으면서 잎을 틔우려고
하늘을 들이면서 햇빛, 바람을 불러오는 소리
또 하나의 나이테가 지난 시절과의
사려 깊은 간격을 유지하며

감겨오는 경계 위로
한 생애가 흘러갈 때,

—「나이테에 걸린 옹이」 부분

아름다움의 외관과 얼룩의 상처가 공속되어 하나의 무늬로 존재하게 된 분재처럼, 위의 시도 '옹이'가 '나이테'와 어울려 "아름다운 무늬"를 이루는 이미지가 적절히 제시되고 있다. 이 시에는 "물들이 방향을 거스른 표정"과 같이 "옹이 박힌 흉터"가 명백히 '거기-있었던' 얼룩의 상처로 존재하고 있다. 그리고 동시에 그 상처의 '뒤틀린' 얼룩들이 "푸르디푸른 심지"와 '무늬'로 화하는 진경이 존재한다.

내부 안에서 "맺혀서 앓았던 한 사랑이" 외부의 '하늘'과 '햇빛', '바람'을 들이면서 나이테의 무늬를 이루는 과정은 시인에게 하나의 생애를 이뤄나가는 과정으로 묘사되고 있다. 맺히고 풀리며, '앓았던 것'의 내력을 무늬로 간직해가는 나무는, 또한 생 속에서 성장해왔기에 "사려깊은 간격을 유지"할 수 있었다. 상실을 앓았던 과거와 상실을 딛고 성장하고자 하는 현재가 충돌하여 나이테의 간격으로 존재할 때, 즉 죽음의 기운과 생명의 욕동(欲動)이 균형을 이루며 그 "간격을 유지"할 때, 우리는 현전하는 '생'을 온전히 사유할 수 있을 것이다.

이러한 나이테와 함께 이 시에 등장한 '옹이'의 존재는 생명이 가지 뻗었던 흔적이 얼룩으로 변해버린 장소를 상징적으로 보여준다. 그러한 '옹이'의 얼룩과 이제 상처가 무늬화한 '나이테'를 하나의 이미지로 겹쳐서 제시하는 것은 문순영 시가 자주 시도하는 언술 전략이기도 하다. 이러한 얼룩과 무늬의 변주, 얼룩과 무늬의 공존을 기도하는 시화 방식을 통해서 우리는 얼룩 안에 '있었던 것'을 보려는 갈망을 키워가며, 이후에 시 안에서 '있어야 할 무늬' 들을 조심스럽게 기대하기도 하는 것이다.

3. 하심의 얼룩들 : 느낌은 그렇게 지는가

얼룩으로 보이는 왜상들이 온전한 진리의 시로 출현하는 순간, 우리의 시야는 지극히 낯선 각도에서 열리고 있을 것이다. 문순영은 세계의 본바탕을 원근법적이고 절대적인 시야(視野)로 바라보기보다는 얼룩의 사연에 주관적으로 찔려가면서 이를 다양한 시야(詩野)로 개방하기를 권한다. 그 시야는 신의 절대적인 시각장과 거리를 두면서 보다 낮은 방향으로 향할 때가 많다. 그래서 시인의 시에는 상부에서 낙하하는 것들이 자주 등장하는지 모른다. 생을 '통과'하는 순간, 존재들은 '아래'의 방향으로 낮아지는 것이다.

이 비가 지나가면 단풍은 다 지겠다
빗방울 떨어질 때마다
잎새들은 길바닥에 더 납작 엎드리며
안간힘을 쓴다
엎드린 그 바닥에 젖으면 안 될, 깊은
내용이 있는 걸까
바닥에 엎드린 채 바닥을 안고 있는
단풍잎을 들어 올리자
잎새 그 모양대로 젖지 않은 바닥이 무늬를 만들었다
엎드려서 만든 무늬
짓밟히며 만든 무늬
잎사귀가 할 수 있는 마지막 적선이란
당신이 통과해갈 길들이 젖지 않게
엎드려
붉고 노란 지문들을 기록처럼 비문처럼
길에 찍는 것이었다는 듯이

—「단풍나무 아래서」 부분

위의 시는 얼룩이 세계의 무늬가 되는 순간을 섬세하게 보여주고 있다. 시의 화자는 "이 비가 지나가면 단풍은 다 지겠다"고 생각하지만, 얼룩덜룩하게 물든 단풍나무는 낙엽이 되는 순간까지도 안간힘을 쓰며 삶 속에 끈질기게 자리한다. 그리하여 단풍잎들은 "잎새 그 모양대로 젖지 않은 바닥"이 되어 지상에 새로운 얼룩을 만든다. "젖으면 안 될 깊은 내용"들을 위해 바닥에 "엎드"리고 "짓밟히며" 새로운 무늬를 만드는 것이다. 이 '얼룩덜룩'한 낙엽은 생의 '길' 위에서 무늬화하지만, 이는 원근법적 시각 속에서 단순한 배경의 무늬로 후경화되지만은 않는 것 같다. 누군가의 "지문"처럼, 존재의 고유성을 인증하면서, 개별성을 가진 '기록'이자 '비문'이 되는 것이다. 이러한 방법으로 특수한 얼룩이자, 보편적인 무늬의 이미지를 동시에 취득하면서 생의 총체적인 풍경들이 시 안에서 계시된다.

문순영의 시에서 화자는 '단풍나무 아래'에 위치한 자이자, 낮아지면서 세계의 무늬를 만들어내는 '하심(下心)'을 목격하는 자이다. 물론 어딘가로 건너가며 헤매는 정서가 이 시집의 주조를 이루고 있지만, 이러한 낮은 곳으로 향하는 '하심'은 문순영 시 상당수에서 어렵지 않게 발견된다. 「벼가 익어가다」에도 "허리를 굽혀 살려내는" 시월의 이삭들이 묘사되고 있으며, "떠내려간 친구들"(「잎새 뒤의 애벌레들」)이나 "불어가는 것들"(「불어가는 것들」) 모두가 이러한 낙하의 이미지와 긴밀히 겹쳐 있다.

> 집을 벗어버리니
> 저절로 굴레가 벗겨지네

천지사방 해가 뜨고
천지사방 해가 지고
상식을, 상투적을, 모자를 벗어버리니
홀가분한 아침부터 홀가분한 저녁까지
모든 것이 방향이고
또 아닌 방향이네
가다가 가다가
소심한 속임수의 어떤 모서리에 걸려
꼬들꼬들 가슴이 말라버려
다칠지도, 죽을지도, 영 안 돌아올지도,
바닥이란 바닥마다 벗은 배를 바싹 대고
방향이라 가는 쪽이
파도인지, 절벽인지, 외나무다리 쪽인지
염려인들 전신으로 밀어가며

바람이 불 때마다 전 생애를 다해 그으며
지나온 은빛의 밑줄들에
고요하고 평화롭게 이정표의 방향으로 흔들릴 수 있다면
생애를 반짝거리며 펄럭일 수 있다면

—「민달팽이」 전문

머리를 숙이고 엎드리며 스스로 낮추는 존재들은 이제

그녀의 시에서 가진 것마저 내려놓고 벗어던지는 존재가 된다. 상처에 "긁히듯이 조금씩 허물을 벗어놓"(「허물을 벗으며 그 숲을 건너가다」)던 존재들은 이제 생의 굴레들을 더 적극적으로 내려놓는다. 타인의 시선 속에서 억압받으며 많은 것을 상실해온 상처의 몸뚱이들은 이제는 '민달팽이'처럼, 생의 조건인 집마저 스스로 내려놓는 삶을 택한다. 상실의 굴레에서 벗어나 스스로 벗어버리며 가는 길을 선택하는 것이다. 이들의 방향은 바닥이다. "모든 것이 방향이고/또 아닌 방향"을 헤매는 민달팽이는 "가는 쪽이/파도인지, 절벽인지, 외나무다리 쪽인지"조차 시야와 머리로는 정확히 알지 못한다. 단지 그러한 '염려'들을 "전신으로 밀어가며" "고요하고 평화롭게 이정표의 방향"으로 흔들리기를 염원할 뿐이다. 이러한 민달팽이는 바닥으로 향하고, 낙하하는 것을 넘어서 "바닥이란 바닥마다 벗은 배를 바싹 대"는 방식으로 바닥 자체에 밀착한다. 아니 스스로 바닥이 된다. 마치 인간이 교만과 업을 내려놓고 오체투지(五體投地)를 하듯이 스스로 바닥이 되어, 자신이 가진 유일한 몸뚱이로 "전 생애를 다해 그으며" 나아가고 있는 것이다.

몸의 점액, 생의 진액을 자신의 살덩어리로 배출하면서 "꼬들꼬들 가슴이 말라버"릴지라도 그 민달팽이의 횡단은 '전 생애'를 다해 이루어진다. "다칠지도, 죽을지도, 영 안 돌아올지도" 모르는데도 성호를 긋는 마음으로 시인은 세계에 "은빛의 밑줄들"을 긋는다. 그리하여 시의 지면 위에 "얼룩이 지고 비틀려/지워지지 않는 흔적"이 다시금 생길 수 있도록 생을 건너간다. 그 과정에서 '얼룩'의 '생애'도 '반짝'거리며 우리들을 지나간다. 전 생애를 내려놓으며, 온 몸뚱이로, 느낌은 그렇게 진다, 지나간다.

4. 스밈의 얼룩들 : 종이 위의 물방울이 한참을 마르지 않다

얼룩은 다른 세계의 통로를 열어주는 '착한 구멍'이다. "가벼워진 텅 빈 주머니"(「착한 구멍」) 속에 숨겨진 구멍처럼, 그것은 생의 여정 안에서 많은 것을 내려놓고, 빠져나가게 한다. 이는 삶의 양식을 축축하게 흘리는 중에, "따라오는 다람쥐"에게도 길을 만들어주는 세계의 '틈'이다. 그 축축하고 "질척한 해안지대에서/뒤꿈치가 찔린 듯 울컥울컥 걸어가며"(「해안선을 배경으로」) 시인은 습기 가득한 시의 길을 걸어 나가고자 한다. 그 과정에서 "떨어지는 꽃잎들"(「보고 싶은 뒤축」)과 "흘러내리는 잎새들"의 '하심'은 다음의 시처럼 세계를 더욱 축축하게 만들기도 한다.

상한 손톱을 달고서
가는 길들이 붉어져서 비탈이 되는 중에,

비탈이 더욱 붉어져서 절벽이,
절벽이 더욱 붉어져서 벼랑이,
벼랑이 더욱 붉어져서 허공의 난간을 타고
흘러내리는 잎새들

낙엽들은 왜 흘러내릴 때
물들면서 축축한가

—「시월 1」 부분

"물들면서 축축"해지는 '스밈'의 대상들이 세계를 적실 때, 종이 위에는 "얼룩이 지고 비틀린" 밑줄의 시가 그어지고 있다. "다음 생으로 스며가는/길"(물드는 나무)들의 소리가 그 속에서 천천히 열리고 있다. 지금 이 시집의 종이 위에서 축축하게, 한참을 마르지 않고 존재하는 문순영의 시들이 그 얼룩의 축축한 전사(前史)가 되어주고 있으리라.

『사려 깊은 얼룩』을 읽는 당신이여, 얼룩의 기꺼운 침입을 통해 세계와 만나는 통로를 열어 가시라. 그러고 서서히 말라가고 있는 오늘의 시간들 속에서 한참을 마르지 않는 물방울을 느껴 보시라. 문순영 시인의 시와 함께 그것들을 견뎌내 보시라. '울컥울컥', 시행 사이를 마음껏 걸어가면서 당신도 부디 한참을 마르지 않는 얼룩이 되시라.

문학의전당 시인선 150

사려 깊은 얼룩

초판 1쇄 인쇄 2013년 3월 29일
초판 1쇄 발행 2013년 4월 10일
지은이 문순영
펴낸이 김석봉
책임편집 이현호
디자인 조동욱
펴낸곳 문학의전당
출판등록 제311-2012-000043호
주소 서울시 은평구 연서로11길 7-5 401호
편집실 서울시 마포구 공덕2동 404 풍림VIP빌딩 413호
전화 02-852-1977
팩스 02-852-1978
블로그 http://blog.naver.com/mhjd2003
전자우편 sbpoem@hanmail.net

ISBN 978-89-98096-24-3 03810